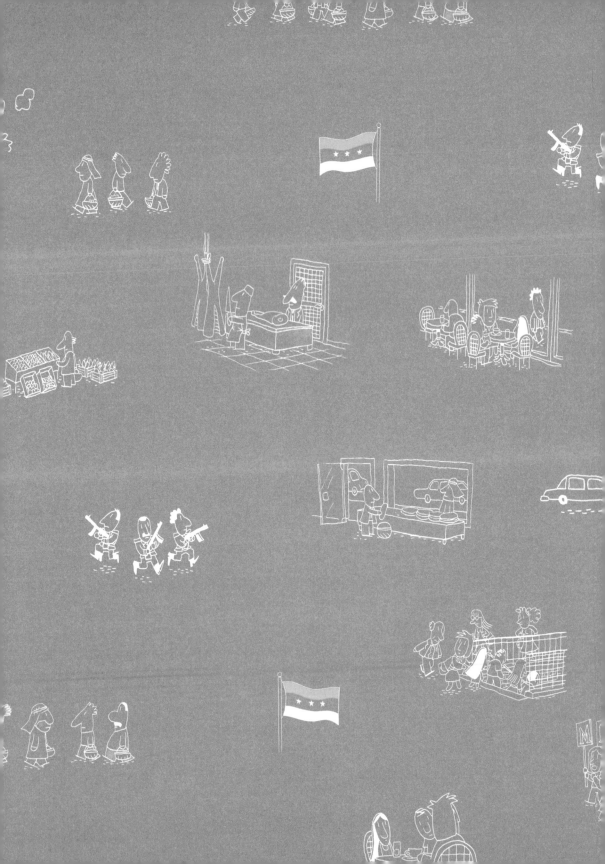

伊拉克的罌粟花

★布莉吉特·范達克利 & 路易斯·通代 — 作　　★陳文瑤 — 譯

Coquelicots d'Irak
Brigitte Findakly & Lewis Trondheim

本書部分內容連載於法國世界報 App《世界的早晨》（*La Matinale du Monde*）

及其網站：LeMonde.fr。

本書兩位作者感謝發起計畫的 Frédéric Potet、反覆閱讀並提出犀利見解的 David B.，

以及一開始出借顏料的 François Corteggiani。

此外也由衷感謝 Jacqueline、Matti 與 Dominique Findakly，

如果沒有他們，就沒有這一切。

每個星期五，
我們會到摩蘇爾一帶野餐。

而尼姆魯德古城遺址
就是我們常去的地方。

我會在那裡踢足球，
爬上爬下，天不怕地不怕。

不要亂動啦，
我幫你照張像。

快點！

要是當初我爸知道
這些獅子有一天會被破壞，
他大概就會換個方式取景了。

二〇一五年三月七日，
哈特拉古城遭到轟炸，
殘存的建築也被推土機破壞殆盡。

哈特拉離摩蘇爾
有一百三十公里遠，
我們比較少到那裡野餐。

對於喜歡攀爬古老石塊的我來說，
那個地點簡直完美。

而且還有很多罌粟花可以採。

親愛的，
這花一被摘下來，
很快就會枯萎了。

但是嚴禁撿石頭。

為了以防萬一，
所有人在遺址出口
都必須停車接受檢查。

一九四七年，我的爸爸馬諦
從伊拉克遠赴法國
攻讀牙醫。

他有好幾個兄弟，
賈克在法國唸了建築。

另一個叫貝南的，
在印度取得工程學位。

最小的弟弟是塞勒姆，
他的醫學學位是在
敘利亞拿的。

三十年後，伊拉克的大學
有了各行各業的相關科系，
它們所頒發的學位
在世界各地均獲得認可。

爸媽再也不需要
把孩子送到
國外唸書。

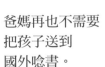

只是這樣一來，
我爸就不可能在聖拉札火車站的
月臺上遇見我媽了。

一九五〇年，我爸趁著獨自回
伊拉克跟家裡報備之前，
和我媽先在巴黎結了婚。

我阿嬤原本已經幫他在
巴格達說好一門親事。

回伊拉克六個月了，
他完全不敢吭聲。

直到阿嬤帶他去對方家裡
拜訪以後，回程他才坦白
自己已經在法國結婚了。

阿嬤原本替他訂製
一套結婚西裝，
自始至終老爸
都沒拿到。

當然我媽
也不可能踏入阿嬤的
主權範圍之內。

只是她是法國人，而當時法越戰爭
也打五年了，所以阿嬤禮貌性地接受了她。

一直以來，
伊拉克百分之九十五的人
都是透過媒妁之言結婚。

她怎麼
那麼瘦？

他們那裡
根本沒東西吃…

除了八〇年代薩達姆・海珊
上臺後的那幾年，
日益高張的極權統治
讓人們彼此防衛心越來越重，
所以當時多半是近親聯姻。

我爸是東正教基督徒，
所以請東正教的牧師替我施洗。

我媽是天主教徒，於是
我又被天主教牧師洗禮一次。

我唸的是阿部塔瑪姆
公立小學。

學校准許基督徒
不必上《可蘭經》的課。

其他同學上《可蘭經》的時候，
我就一個人待在教室外面。

因為感覺被排擠，
我非常傷心，
一回家就跟爸媽哭訴。

我爸於是到學校找
校長商量，
後來就讓我跟同學
一起讀《可蘭經》了。

我們得熟記《可蘭經》的內容，
但老師不會特別解釋
經文的意義。

六年級時，為了接下來能夠
順利初領聖體，爸媽替我在
烏姆埃爾瑪烏納學校註冊，那是
敘利亞禮天主教會修女開辦的學校。

在那個學校裡，我把阿拉姆語的
祈禱經文背得滾瓜爛熟，
但仍然不太懂裡面在講什麼。

這些學習
並沒有讓我
變成一個
虔誠的教徒。

我收下
一支手錶。

然後像個
新娘一樣
穿上白紗。

況且初領聖體後的隔年，
我又轉到另一所公立學校。

是說我連這個學校
叫什麼名字都忘了……

不過我那移民到
聖地牙哥才五個月
的好朋友娜娃應該
還記得。

咦？ 不會
吧！

是
娜娃。

儘管如此我還是不會
相信什麼神蹟啦。

這只是個
巧合罷了。

娜娃是我們在摩蘇爾的鄰居的女兒。

我們兩家的花園之間有一道門可以互通⋯⋯那時我們常常一起玩。

而且因為他們信奉伊斯蘭教，所以她媽媽會替我們複習《可蘭經》的課。

我最後一次看到娜娃已經是二十六年前的事了，那是一九八九年，第一次波斯灣戰爭開打之前。

二〇一四年六月，她和她先生在伊拉克庫德斯坦的艾比勒租了一層公寓，準備去度假兩星期。

他們只帶了旅行衣物用品，一身輕便悠閒出發。

隔天，DAESH[1] 占領了摩蘇爾。

娜娃和她先生從此不曾再回到自己的故鄉。

他們在艾勒比度過兩星期之後，無法繼續承租那幢公寓。

大量難民湧入導致房租暴漲。

錢必須花在刀口上⋯⋯

1 譯註：DAESH 是當今世界各國對自稱「伊斯蘭國」（Islamic State，IS）的激進武裝組織的稱呼（該組織原名為「伊拉克與黎凡特伊斯蘭組織」〔ISIL〕或「伊拉克與敘利亞伊斯蘭組織」〔ISIS〕）。DAESH 由該組織阿拉伯名稱的字母縮寫組成，與阿拉伯語的「踩踏」發音相近，用以表示對該組織的反對與蔑視，中文譯為「達伊沙」。二〇一七年七月，伊拉克收復摩蘇爾。

在夏季那三個月裡，每個星期總會有一次，
所有鄰里的小孩會興奮瘋狂地
追著防疫車跑。

但是我和
我哥只能
乾瞪眼……

每次市政府噴灑滅蚊 DDT 的防疫車經過時，
爸媽就會把我們叫進門、關上所有窗戶。

我媽是某法國女性雜誌的訂戶，
每個月都會收到一本雜誌。

在倒數第二頁的四十五轉黑膠
流行金曲排行榜上，時不時
會有一些專輯封面被剪掉。

她解釋說那都是
Enrico Macias 的專輯⋯

經過好幾年，
我才問她那一個個洞
是怎麼回事。

國際包裹過海關的時候，
有專人負責把他的專輯照片
剪下來，因為他是猶太人。

在伊拉克

所以？

全部。

怎麼樣？

說是全部。

根據伊拉克傳統，
婚前女方會問未婚夫是否得把體毛全部都剃掉
（包括陰毛）。

不久之前，
我哥才一路追溯到西元三百年，
研究出我們祖先的來龍去脈。

我們來自信奉阿拉伯基督教的
巴尼塔格利博部落，
這支部落在西元三百到四百年間
遷居到阿拉伯半島的提克里特——
也就是敘利亞基督教的中心。

十三世紀時由於蒙古大軍入侵，
部落族人於是被趕到摩蘇爾，
從此定居下來。

在鄂圖曼帝國時期，
我的七代祖並不是姓范達克利，
而是阿爾納卡。

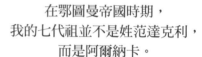

阿爾納卡
（Alnakkar）
的意思是
「雕刻之人」。

事情就是這麼巧，
他剛好很擅長磚石砌築、
石塊切割和石雕工藝。

他為哈迪浩森總督
興築摩蘇爾城的正門。

一七四三年，
波斯人企圖攻占摩蘇爾城，
不過他們只占領了四十天，
最後還是戰敗退兵。

因為城門完好無缺挺過波斯軍隊的
猛烈攻擊，七代祖西蒙・阿爾納卡
於是獲得總督賜名為范達克利，
意指某種珍貴的黃金。

幾代之後，
我的曾祖父也成為
石雕匠。

雖然他信奉基督教，不
過他仍然參與了建於十一世紀的
納比希特清真寺的修復工程。

就像摩蘇爾很多有著先知聖哲墳墓的清真寺，
這座清真寺近期也被 DAESH 的伊斯蘭
瓦哈比教派教徒所摧毀。

同理，
他們也打算摧毀位於
麥地那的穆罕默德先知墳，
只是目前暫緩行動，
原因不明。

一直以來，
我們在家都講法語，
在外面則說阿拉伯語。

我媽後來也學了點阿拉伯文，
雖然口音很重，
但是一般溝通沒問題。

我爸是軍中的牙醫，
但他在市中心也有
自己的私人診所。

有幾次他到巴格達出差，
打電話回家跟我媽用法語交談。

毫無例外地，每一次都有負責監聽
軍人私下通訊的情治人員打斷他們。

＊ 請說阿拉伯語或掛掉電話！

一九五八年七月，
阿卜杜勒・卡塞姆發動軍事政變，
國王費薩爾二世及其他
王室成員、傭僕都遭到處決。

卡塞姆則出任三軍統帥，
成為伊拉克共和國總理兼國防部長。

隨著新政權而來的混亂局面，
接連幾個月裡不時發生士兵闖入民宅，
把值錢的東西搜刮一空的事。

我爸是軍中牙醫，
當然也被徵召。

有天晚上他不在，
幾個士兵按了門鈴。

有什麼事嗎？

開門！
例行
檢查。

請等一下，我打個電話
給我軍中的丈夫。

Ok，Ok，
不用了。

我們走
……

幾個月之後，我媽懷了我。
老爸不放心讓她一個人在家。

有一天，
他拿了一把手槍給老媽，
讓她在家可以防身。

那把手槍
讓我媽非常不安。

於是我爸前腳一走，
她就把槍拿到花園裡埋了。

那把槍現在
應該還在那裡。

一九六三年又發生一次政變，
這次是阿拉伯
復興社會黨發動的。

他們處決了
卡塞姆將軍。

因為他原本與蘇維埃結盟，
導致全國上下的共產主義者都遭殃，
連復興黨的黨員也不例外。

這件事也間接
波及到我媽……

……因為當局禁止任何
紅色物品出現在
馬路上或公共場所。

我媽不得不把它們
通通裝箱收到櫃子裡。

在伊拉克，
如果女主人問客人要不要再吃一點，
客人必須拒絕。

直到女主人殷勤問了幾次之後，
客人才能欣然接受。

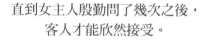

我媽做的法式甜點世界一流，
大家都超愛。

每次她問客人要不要再來一塊時，
他們口水明明都要滴下來了，
還是禮貌拒絕，等著我媽再問。

但我媽從來不會問第二次。

她從頭到尾都不管這個習俗，
倒是來我家作客的人
後來自動改變了這習慣。

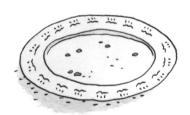

一九五八年，卡塞姆將軍
聯合阿里夫將軍推翻了王朝。

阿里夫傾向加入阿拉伯聯合共和國，
但卡塞姆是國家民族主義者，
持不同意見；他逮捕阿里夫並判他死刑，
後來又予以特赦並將他流放。

一九六三年，阿里夫將軍
獲得復興黨的協助，
反過來推翻了卡塞姆。

一年後，他也大量清算
復興黨黨員。

在摩蘇爾，原本就不受歡迎的復興黨民兵
（這很正常，別的不說，只要看他們對戰俘
如何行刑、施虐、監禁就知道）
通通被吊死在大廣場上。

當時我哥九歲，
學校還包車載他們
到現場圍觀。

一九六六年，阿里夫
因為一次直升機意外身亡。

他出殯那天，
象徵性的靈車繞行經過
伊拉克幾個重要城市。

老師必須帶領學生在遊行定點恭候，
而且我哥說他們還得痛哭流涕
表示哀悼。

兩年後，
繼任總統的阿里夫之弟
到摩蘇爾訪視。

我們全體到機場附近守著，
在他經過時驕傲地向他揮手致敬，
那是我唯一有印象的一次校外教學。

一九六八年，阿里夫之弟
企圖恢復民主與多黨政治，
就在法令通過之前，
復興黨策動政變將他推翻。

我家是這一區的第一戶人家，
一過傑迪德橋就會看到。

掌權的復興黨，派人在我家外牆漆上
「復興黨萬歲」的標語，
好讓經過的人可以清楚看見。

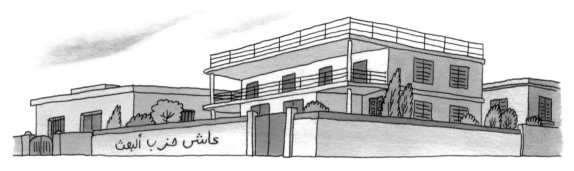

住我家後面的鄰居跟我們很熟，
有一天他們家的小孩，
當時大概十五歲左右吧，
擅自塗掉了標語。

復興黨找上門來，發現
我媽是法國人，而我爸又是軍醫，
很快知道不是我們幹的。

他們於是到我們後面鄰居家找人，
（這鄰居早就被懷疑是納賽爾主義者[2]。）
那兩個毛頭小子馬上衝到我家躲進地下室。

當局很快派人把標語漆回去，
以免引起塗掉標語的連鎖反應。

他們在裡面待了整整兩天
不敢回家。

2 譯註：復興黨所推翻的阿里夫政權，是埃及第二任總統賈邁勒・阿卜杜勒・納賽爾的追隨者。

從一九六三年開始，
每年夏天我們都在法國度過。

雷佩神父路上那家旅館，
就是我們在巴黎的落腳處。

後來我們和旅館主人一家
變成了朋友。

一九六九年我們照常去法國度假時，
他們見到我們可鬆了一口氣。

因為他們看到新聞說很多
伊拉克人被吊死。

我還不知道這件事哩。

原來，當局處決了
最後一批留在伊拉克做小本生意的
猶太人……這些可憐的傢伙
通通被指控為間諜。

一九六六年，
我媽訂購了一本辭典。

我們一收到，馬上翻看
寫有伊拉克的那一頁。

但是那一頁
已經被撕掉了。

這不是為了隱藏
跟伊拉克有關的資訊……

而是為了抹除「以色列」，
因為兩個單字都在同一頁。

我自己呢，第一次聽到「以色列」
是在一九七三年我們搬到法國的時候。

在這之前，我只在新聞裡
聽過「占領地」而已。

小學的時候，
我們都要在教室外面排隊升旗。

所有人一起唱國歌。

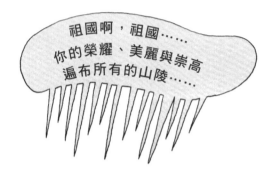

祖國啊，祖國……
你的榮耀、美麗與崇高
遍布所有的山陵……

接著，老師會檢查
我們的指甲乾不乾淨。

所有人掌心朝下，
握住一條手帕
然後把手伸出來。

手帕只用來擤鼻涕，
不過一定要帶。

學校規定要穿制服，
以顯示所有學生是平等的。

不過大家輕易就能分辨哪些人是
窮人家小孩，他們的制服都舊了，
應該是撿哥哥或姐姐的來穿，
質料通常很糟，襯衫也很少燙過。

而且，那時每星期
都會選出當週表現最好的
男生和女生加以表揚，
但窮學生從來不會被選上。

窮學生會被分配到教室最後面的位置，
而每次徵求自願打掃的值週生時，
也只有他們會舉手。

有一次我自告奮勇舉手……
所有同學都用
非常奇怪的眼神看著我，
彷彿我腦袋有問題。

我從來就不明白為什麼窮學生
就得坐後面，還要自願打掃教室。

在六〇年代這些政治騷動裡，
只有一次我感受到威脅。

那天我和哥哥還有我媽
在一間咖啡館裡，
我們點的飲料剛送到。

突然間櫃臺一陣混亂，一位服務生
過來跟我們說示威遊行快到了，
所有人都得離開，因為他們
馬上要關門了。

我們到了外面，發現路上所有咖啡館
都關門了⋯⋯接著聽到一陣抗議聲浪
向我們逼近。我們趕緊跟著人群走，
躲進地鐵站裡。

當時是一九六八年的六月，
在拉丁區聖米歇爾大道上，
那是六八學運的尾聲。

我心想，好危險啊～
法國。

我媽八十九歲而我爸九十一歲了……
他們就住在我家對面。

我媽是他們家六兄妹中年紀最小的，
路西揚舅舅大她六歲，而她出生的時候
有的哥哥姐姐都已經結婚了。

這一切，
說明了何以老媽沒有半點猶豫，
就決定離開法國，
到那麼遠的地方生活。

不久之前，我媽才打電話來，
說我的舅舅路西揚過世了……

路西揚舅舅的一個兒子在七年前
發現他還有一個姑姑，
後來就跟我媽連絡上。

外婆過世時，我媽才十三歲。
外公再娶，對象是家裡的女傭。
他把媽媽送到寄宿學校，
從此以後再也沒跟她連絡。

而我，今年五十五歲了，
還不曾參加過一場喪禮。
但我會試著寫一封信表達弔唁之情，
給這位只見過兩次面的表哥。

在伊拉克，是由男人負責日常採買。

住在摩蘇爾時，
有一次爸媽請了個醫生
到家裡替哥哥看病。

他們發現大家推薦的這個醫生
會講法語，而且他的老婆
還是個法國人，叫瑪德蓮。

我們兩家於是很快熟絡起來，
瑪德蓮變成我的教母，而且她
試圖引導我們從事更多宗教活動。

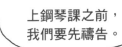

上鋼琴課之前，
我們要先禱告。

我媽很快對她的宗教熱忱
和殷勤保持距離，
但兩家依舊頻繁禮尚往來。

後來，人人自危、
保密防諜的年代來臨。

軍隊要求我爸協助檢查
所有收到與寄出的法文郵件……
但我爸不想處理，
就把工作派給我媽。

結果她讀到瑪德蓮寄給
法國家人的信，信中提到
她是多麼欣賞范達克利醫生，
但是對他的老婆又是多麼反感。

自從一九五八年費薩爾王朝被推翻後，
超過二十年的時間裡，
每週五晚間八點，以色列都會
播放一個阿拉伯語節目。

節目名稱叫做
「美索不達米亞之子與您有約」。
這是唯一沒有遭到管制而能播放
伊拉克政經社會大小事的新聞管道。

收聽這個節目的人得冒著
被嚴懲抓去關的風險……
但是這個節目簡直太神了，
每到星期五所有人都等著收聽……

……就連政府官員也無法理解
何以某些新聞節目
能夠避開他們的監控。

一九七〇年的聖誕節，我獲得一臺
收音機，但是我從來不曾收聽過
「美索不達米亞之子與您有約」。

我窩在房間，轉到「美國之聲」，
沉醉在那個年代的英美流行歌裡。

在伊拉克，朋友、家人、鄰居或是
一般點頭之交總是突然來訪，
事前都不講一聲。

這讓我爸很氣惱，因為他一向
不懂得拒絕別人，只得好聲好氣
拜託我媽陪客人聊天。

跟其他家庭不一樣，我家的女傭
可以坐在客廳後面那張椅子上看電視。

但到了晚上，我爸下班已經累了，
會叫我媽請傭人回自己的房間去。

從來沒有人讚美我媽很親切。

但是所有人
都喜歡我爸。

一九六八年，政府把塗有一層
紅色殺蟲劑的麥子分發給農民。

並告訴他們這是品質極佳、
能夠抵擋蟲害的麥子，
所以他們應該專門種植這個品種就好。

許多農民不相信政府的說詞，
他們把麥子拿去餵家禽、家畜，
後來這些動物全部死光光。

有些農民以為裹在外層的是番茄醬，
於是自己吃了。他們當中
很多都生了重病，或是變成瞎子。

僥倖逃過一劫的人眼看這批麥子
不是好東西，便把剩下的麥子
倒進河裡，結果造成魚群大量死亡。

將近兩個月裡，
摩蘇爾禁止販售任何肉品，
我們因此發現了醃牛肉罐……

伊拉克的國民運動
就是嚼舌根聊是非，
現在還是一樣。

大家聚在一起時，
有七成以上的時間
在講別人的八卦。

電影院只播埃及、印度的片子，
裡面固定都是歌舞片段或哭戲，
完全無法當作聊天的話題。

文學也一樣，
阿拉伯文的書籍很少，
進口英文書當然更少。

聊政治嘛，
風險越來越高……

所以大家最愛的就是
東家長西家短啦！
只是當然，
誰都不想被別人拿來說嘴。

聊天的時候，
大家不會聊得太深入或觸及私密話題，
免得被傳出去或是造成誤會。

個人及家庭的名聲與形象
是非常重要的。

例如，我有個堂哥是工程師，
愛上了一個家世比他好一點的女孩……

我們家族就認為最好別去提親，
因為要是被拒絕的話，
事情一傳開會很丟臉……

所以後來他娶了自己的堂妹。

大家在聊天的時候，
我媽從來不談論任何人的是非……

……因為她口風超緊，很多人會私下
找她談心，把她當成閨密。

有個鄰居太太甚至
把錢交給她保管，
因為她極度不信任銀行。

我爸私人診所的櫃臺人員
有個十四歲的妹妹，叫做阿妮莎。

因為我家需要一個女傭，
於是把她從她的村子裡請來……
除了薪水還包吃、穿、住。

她不想穿成衣，
而是自己挑布料，
再送到她原本的村子請人縫製。

她大我五歲，跟我們
一起住的時候，我會教她識字，
但我們更喜歡一起玩。

為了能快點去玩，
我常跟她一起洗碗。

甚至有時候，我會叫她
把髒碗盤藏到洗碗槽底下去。

但有一天被抓包了，
後來我們再也不敢亂來。

阿妮莎十七歲時，有天我媽注意到
樓上她房間那邊似乎有
奇怪的動靜。

我媽跟她問起這件事時，
她很生氣地離家出走了。

擔心她不回來，
我媽在路邊跟鄰居講起這事，
才知道阿妮莎從房間窗戶跟
年輕鄰居打情罵俏
已經好一陣子了。

我們聯絡阿妮莎的哥哥，
他去那年輕人家裡找到了阿妮莎，
當機立斷把她帶回村子去。

我們家還請過一位男僕，
但我媽第一次唸他時，
他當下就走人不幹了。

我的堂姊依克拉姆和她的老公
直到二〇〇七年以前都住在巴格達。
不過因為他們算是有錢人家，
夫妻倆很擔心三個小孩會遭到綁架勒索，
他們的生活圈常發生這種事。

他們家僱有一位保全，
小孩上下學則有專人接送……
其他的時間，
我這些外甥是不能外出的。

有一天，他們其中一個孩子不滿大鬧，
說他寧願冒著被殺的危險
也不想被關在家像坐牢。
堂姊和她老公這才下定決心離開伊拉克。

他們在敘利亞的霍姆斯住了三年，
而就在敘利亞爆發內戰之前，
順利取得簽證移民到溫哥華。

二〇一五年十一月十三日的夜裡，
我接到堂姊依克拉姆的電話，
問我一切還好嗎？法國情況怎麼樣？
因為那天巴黎遭到恐怖攻擊。

她叮嚀我不可以踏出家門一步，
為了讓她安心，我連聲說好，
儘管我住在距離巴黎七百五十公里遠、
一個寧靜祥和的社區裡。

另一個住在紐西蘭、十五年來
沒聯絡的堂姊在巴黎遭到
恐攻後也打電話給我。

這是
穆斯林
的錯。

有個紐西蘭的學者說，
《可蘭經》裡面寫到
要殺掉所有不信
伊斯蘭教的人。

胡說
八道⋯

這跟宗教
沒關係。

那些野蠻人是拿
宗教當幌子來擴大
他們的勢力。

不、不⋯⋯
你那時候太小了
所以你不記得
他們幹的壞事。

他們看起來可能很和善，
但事實上這些人是招惹不得的。

他們都是
壞胚子⋯
無法容忍自己
以外的其他宗教
存在。

我不能對她生氣。

這對事情
沒有幫助。

我對伊拉克
的記憶已經
那麼少了。

我心想，她所謂我年紀太小
所以不記得的究竟是什麼事⋯⋯

我打電話
給老哥。

他說，
卡塞姆在一九五八年的政變取得權力之後，
摩蘇爾便由沙瓦夫將軍統領。

卡塞姆不甘示弱，立刻派了轟炸機，
轟炸沙瓦夫司令總部，
總部位於摩蘇爾機場，
而我爸工作的軍醫院就在旁邊。

一九五九年，沙瓦夫起軍叛變，
指責卡塞姆是共產主義者的走狗。

一番轟炸之後，
沙瓦夫逃到醫院裡避難，
但是忠於卡塞姆的士兵一路追過去。

他就在我爸隔壁的辦公室裡被逮到，
被士兵你一腳我一腳給活活踢死。

我去找我媽。

她跟我解釋說，為了避免
被指控為叛變的一分子而遭到
意外報復，摩蘇爾人紛紛在門口
貼上卡塞姆的肖像。

我媽當然也跟著貼。

在這之後，一九六〇年有一群
摩蘇爾的基督徒假裝成
親卡塞姆派的共產主義者。

在幾個星期裡，他們闖入
信奉伊斯蘭教的上層資產階級家中，
大肆搶劫、燒毀房屋。

當時我看到那些屋主……
唉，他們都被綁在車上拖行
然後死在路上。

他們為什麼
要這樣做？

沒人知道。

有人說是為了復仇，
因為一九五八年君主政體被推翻的
時候，那些上層階級不以為忤，
仍然繼續支持王室。

或者因為那些有錢人擁有很多村莊，但住在村莊附近的基督徒卻非常窮。

懸殊的貧富差距引爆了這樣的事件。

要不然也可能是私人恩怨……

你還記得穆提一家人嗎？

一九六二年我們正好搬到他們隔壁。

欸……應該說是他們新房子隔壁……因為舊的早被搶光燒光了。

還好他們躲過一劫活了下來。

當時我們一搬過去，他們馬上提高警覺。

根據伊拉克的傳統，
他們應該要請新來的鄰居吃
東西，但他們不但沒送吃的來，
連招呼都不打。

後來日子久了，
他們的女兒娜娃跟你變成好朋友，
兩家花園中間那道門才終於打開，
大家才熟起來。

只因為
我們是
基督徒。

娜娃的媽媽
甚至把她的錢
交給我保管呢。

他們很驚訝我們
身為基督徒，竟然
這麼親切又實在。

然後，一九六三年卡薩姆被推翻，
阿里夫上臺，穆斯林弟兄
還上街遊行表示支持。

一九六四年，有一群狂熱的穆斯林
想為四年前的事件討回公道。

很多基督徒遭到暗殺，不過那些
都是要為一九六〇年的事件負責的人。

在那段時間裡，
我爸跟很多基督徒一樣，
因為備感威脅，所以每天五點就下班，
以免晚上開車危險。

有天晚上他上司找他，我爸很猶豫
不曉得該不該去，怕有生命危險。

結果上司對他說，
他不必五點就急著走、
自己很清楚他的為人、他不會有事的，
因為他對病人來者不拒、一視同仁。

伊拉克的基督徒與穆斯林之間的
嫌隙便是這樣產生的。

喂，我是
娜娃……

我看新聞說巴黎
出事了，情況
還好嗎？

不過主要受到影響的，
是那些喜歡團體宗教活動、
虔誠而較為保守的信徒。

在伊拉克

從一九六九年開始，
電影播放前會出現一則訊息：

＊ 為了捍衛我們的民族，
　我們呼籲所有國民舉發匪諜、
　人民的公敵，以及受雇外國的侵入者。
　檢舉專線：……

窮人會來按門鈴乞討食物。

我們會把剩下的飯裝在塑膠袋裡，
另一袋裝些配菜。

不過有一次跟我媽去應門時，
來乞討的是個巴勒斯坦的難民。

她掀開罩袍讓我們看她的裸體，
以表示她一無所有。

幾年下來大家有了共識，
知道這是巴勒斯坦人乞討的慣用伎倆。

之後有人來按門鈴時，
我媽就不讓我們跟她一起去開門了。

因為學校裡沒有食堂，
我媽會替我們準備三明治當午餐。

我哥跟我媽說他不想吃
牛肉三明治，
他比較想買學校外面賣的
蕃茄加酸辣芒果醬三明治。

我媽覺得路邊攤的衛生堪慮，
而且想確認我哥能吃得
營養吃得飽，所以強迫他
要帶家裡的三明治。

結果呢，
我哥就在上學之前，
把三明治藏進他的衣櫃裡。

當然啦，有一天我媽打開他的衣櫃，
掉出數十個臭酸壞掉的三明治。
我哥被狠狠修理了一頓，
然後我媽繼續做同樣的三明治
給他當午餐。

後來，我哥改把三明治
丟在上學途中
一塊空曠的廢地。

我比哥哥小六歲，
學校不准我們中午到
外面買吃的。

學校裡有賣馬鈴薯洋蔥三明治，
但因為我媽會幫我準備，
所以我吃不到。

不行、
不行…

馬鈴薯
三明治，
什麼
鬼東西。

有一次，我終於成功和班上同學
交換到馬鈴薯三明治。

超好
吃的！

接著，從一九七一年開始，
有些食材像是奶油、蛋、
某些水果、蔬菜開始短缺，
因為全部出口到科威特去了。

還好，因為我們家跟肉販很熟，
他會幫我們留一些奶油和蛋，
那是他從鄰近村莊買到的。

在那段期間，
學校賣的三明治塗了一種新的、
顏色比較黃的東西，
就是人造奶油！我超想吃的……

我比較想吃塗上
人造奶油的……

在伊拉克

在伊拉克，如果一對夫妻生不出小孩，
而他們的兄弟姐妹生了好幾個，
通常會把其中一個孩子在出生時
就過繼給他們。

一九七〇年，出現了「人民勞動」，
起先在巴格達實施，
接著推展到全國，
包括摩蘇爾。

我哥那時剛滿十六歲，
很快他就會被召集，
要跟其他高中生、
大學生在夏天時下鄉種田，
或是參與村莊的建設。

在勞動期間，
還要唱那些歌頌復興黨的歌曲，
強化他們的信念。

年輕人對這些勞動營一點也不排斥，
因為是男女混合的營隊，
大家覺得有趣而且有所期待。

接著他們會鼓勵其中
最積極熱血的人入黨、成為
人民軍的一分子。

這支軍隊將作為
復興黨的民兵隊，
以防國軍可能發起的叛變。

出社會後，
擁有黨證的人
會比較容易取得公職。

而且，一直到一九八〇年，
沒參加過勞動營的青年
都不准離開伊拉克。

我爸對這些心存戒備，
他不希望我哥參加勞動營。
於是，一九七〇年的夏天，
就在摩蘇爾實施新制度之前，
我們照常到法國度假。

我媽忙著打點哥哥九月之後
在安提布孩童之家的住宿，
以及註冊私校的事情。

我哥完全開心不起來，
因為之後他得一個人待在法國，
但我卻很忌妒他。

我天真地以為，
住在法國等於天天度假。

一九七一年，政府頒布了一條法令，
所有公務員，包括軍人，只要配偶
是外國人，要嘛離婚要嘛離職。

我爸因而選擇提前退休，
不再當軍醫，專心經營他在
市區的私人牙醫診所。

他什麼病人都收，
要是有人付不出診療費，
他乾脆不收錢。

不管是朋友或點頭之交，
收費都一樣。他覺得不管是誰
來看病都不能拒絕……

然後，因為那個年代沒有
申報所得稅的機制，
國稅局會派一個人坐在等候室，
一整天在那邊數人頭，
一年下來取個平均值。

我爸呢，
因為心腸好又沒什麼脾氣，
根本賺不了錢。

我們可以買個
房子，就不用
一直租……

嗯，
算了、算了
……

有一天早上，應該是星期五沒錯，
因為那天不用上課。
我媽很早就來把我叫醒。

我穿著睡衣，
跟媽媽走到花園。

花園裡積了大概一公尺深的雪，
那是我第一次看到雪。

我睡眼惺忪，
試著挖了一些雪捧在掌心，
想要看清楚點。

我根本沒想到要堆個雪人。
在那個時候，我還不知道
雪人是什麼。

不到兩個小時，
雪通通融化了，
後來再也沒下過。

一九七二年，總統艾哈邁德・桑卡・貝克爾
和副總統薩達姆・海珊決議將
伊拉克石油公司收歸國有。

波斯灣的阿拉伯聯合大公國和
沙烏地阿拉伯隨之跟進，
於是造成一九七三年的石油危機。

當時我是國中生，歷史地理老師
要我們以這個主題畫一張圖。
但我們從沒上過繪畫課。

我很認真，畫了一群人拉著布條，
站在石油井架前面，布條上寫著
「阿拉伯的石油屬於阿拉伯人」。

這張政治正確的圖受到師長的喜愛，
成為唯一貼在走廊上的作品。
讓我感到十分驕傲。

我們一家要是留在伊拉克，
我應該會變成一個偉大的愛國畫家，
為薩達姆・海珊政權服務。

在伊拉克

進行治療時，
醫生會替病人打針。

我從來不知道他們
給我打了什麼。

有些醫生會叫病人十個排一列，
依序施打，當然，
用的是同一個針筒。

這其中的一個醫生後來
變成億萬富翁，在摩蘇爾
購置了大片土地和大樓。

要是醫生只開藥，
病人會質問
為什麼不幫他打針。

然後病人再也不會上門，
因為不打針的醫生是無能的。

我媽打電話給我，
說我爸有話要對我說。

十五年前一次腦血管意外後，
我爸的腦部便開始退化，
而近兩年退化的速度更快了。

不知有多少次，
他因為失去平衡而摔倒，
有時摔得很慘。

他對文字的理解力越來越差，
現在再加上視力退化，
已經完全無法閱讀了。

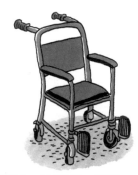

有一陣子，我拿了速寫本給他畫畫，
每天他會強迫自己用畫圖來消磨時間。

如果
沒畫畫，
我早就
瘋了。

還有很長一段時間，他說
他聽到一些聲音、一些旋律，
甚至有時會聽到女人的歌聲。

他的視力仍然持續下降。
而他從拿助行器到坐輪椅，
再從輪椅換到病床上，
最後完全失去了自主能力。

他越來越認不得人，
不過有時候又異常清醒。

我受夠了。

我不想這樣繼續下去。

我要自殺。

我要你做證，說是我自己結束生命的。

我不想要警察找你媽的麻煩。

我跟他講了很久的話，重複地講。
告訴他我們很愛他，跟他說生死
這種事不是由我們決定的。

要走的時候，我感到非常難過，
但是並不擔心，
我知道我爸沒法子自殺的。

一九七二年，我爸決定
離開伊拉克。

因為他原本是軍人，
隨時會被徵召，
所以不能自由出入伊拉克。

每年夏天，他會提出和家人一起
去度假的申請，在那十年裡，他
只獲得三次許可。

而我哥自己一個人在法國的前兩年，
他的申請完全被駁回。

再加上另一個偷懶又忌妒我爸的
牙醫，到處放話中傷我爸，讓他
心裡很不好受。

更何況國稅局的人，
儘管應該知道我爸替很多人
免費看病，人數卻還是照算，
於是他的稅金一直飆升。

除此之外，
生活必需品開始短缺，
生活越來越困難了。

不會有事的…

諸多原因使我爸下定決心離開，
不過我媽一點也不認同。

我投老爸一票，
我們去法國。

我爸的如意算盤是，
等到時局好一點
我們再回來就行。

他沒想過
天有不測風雲……

……比如薩達姆·海珊一九七九年成為總統、
伊朗—伊拉克戰爭從一九八〇年打到一九八九年、
波斯灣戰爭在一九九〇年爆發、
隨之而來的經濟困境、
二〇〇三年第二次波斯灣戰爭、
還有現在的 DAESH。

等伊拉克變好，
我們就回來。

我媽在伊拉克適應得很好，
只有少數幾個當地習俗是她始終
辦不到的，比如穿戴珠寶。

或用華麗的裝扮炫耀自己的社會地位。
這些東西，我爸跟整個家族
從沒少給她，但是她還是喜歡低調點。

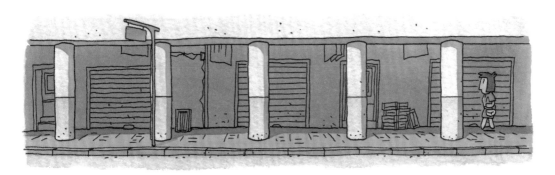

她很討厭化妝，但是大部分的
伊拉克婦女沒化妝是不出門的。

更不用提冬天的皮草大衣。

午飯後，下午三點睡個午覺
也從來不是她的習慣。

她會看點書，或在大太陽底下散步，
一個人走在所有店都關門午休的市中心。

為了讓我之後到法國能銜接上當地
課程，我媽找了文森神父幫忙，
他是多明尼克人，
也是我們家的好朋友。

他到家裡教我寫作、
加強基礎法文閱讀。

不過更多時間我們都在
聊天、大笑，他很幽默，
而且整天都笑嘻嘻的。

有一次，爸媽又要在家裡宴客時，
他問說能不能帶阿爾巴尼亞王子
一起去。

我媽在電話裡聽了一直笑，
但是神父沒開玩笑，
阿爾巴尼亞王子真的出現了。

他穿著一般的西裝，
真讓人小小失望……

常常，我媽會因為她很少參加
宗教活動而有點不自在。
有一天，
她主動跟文森神父開口。

請不要因為我不去彌撒
而責怪我。

您大方地幫助那些貧困的修女，
也會施捨給上門乞討的人。

而且您從不說
別人的閒話。

您平常的這些行為，遠比一些
常去禱告的虔誠教徒來得
有價值。

於是，文森神父的法文課
變成一星期兩次。

是說他還有另一個目的，
就是我媽做的甜點。

如果我媽開口，要他每天來
幫我上課都沒問題。

為了拿到出國許可，
我爸在巴黎一所牙醫學校
註冊了一個植牙進修課程。

拿到許可之後，
他賣掉了摩蘇爾的診所，
到巴黎租了間公寓。

我媽不想回法國，
但她很了解我爸，
知道他一個人辦不了事；
而她在法國的家人，
打從她青少年時就失聯了，
也不可能指望他們。

她別無選擇。
只好一一賣掉我們的傢俱，
賣給親戚、鄰居、朋友……
這事也不容易，
因為總有人會
趁機占便宜。

都是一家人，
再算便宜一點啦。

我們全家人擠在一間小公寓裡，
旁邊的地鐵站就叫約旦河，
跟西亞流經伊拉克附近的河流同名……
對我媽來說，算是一點微小的慰藉。

但還好有很多人伸出援手、
給她支持。大家知道她將會找回
她在伊拉克這二十三年來
所錯失的那些。

在巴黎安頓好以後，我媽帶我到
二十區的警察局辦身分證。

我的很快就辦好了，因為我的名字
就註記在戶口名簿上，但承辦人員
不受理我媽的文件。

既然您跟外國人結婚，
您就喪失法國籍了。

但我又沒有歸化
伊拉克籍，我一直是
法國人啊。

不、不，這是
自動註銷的…

才不是，沒這回事！
而且我在法國出生，
父母都是法國人……
我還有法國護照啊。

哈 哈
哈

這個嘛，我們不知道核發
多少法國護照給外國大使館了，
多到我都懷疑它的真偽了。

我媽堅持她的立場，但沒用。
她又去了好幾次，依然沒結果。

眼看這條路行不通，我媽乾脆殺到
巴黎警署去，還剛好遇到署長。
署長接見了我們，
聽完整件事之後十分錯愕。

他當著我們的面，
打電話給警局的承辦人員。

搞什麼，這位女士
當然還保有她的法國籍……

你真是法國的恥辱，
下次要講蠢話之前最好
先把事情給我弄清楚。

現在，
你給我好好接待這位女士，
盡快辦理她的身分證件。

我們回到警局時，
承辦人的臉很臭，
冷冷地把表格遞給我們。

領證那天，我的證件沒問題，
但我媽的證件上有個小小的拼字錯誤。
那顯然是承辦人員卑鄙的報復，
讓我媽得整個重新申請一次。

我爸完成植牙進修課程以後，想說可以在巴黎開一家診所，不料相關單位卻跟他說不可能，因為他在二十五年前拿的是「外國人文憑」。

儘管如此，他還是到醫院工作了幾個月，但依規定不能支薪。在這期間他也開始想辦法取得同等學力。

最後，他發現取得同等學力的唯一途徑是通過法國高中會考。

當時我爸都五十歲了，自認沒那個能力考過。

這麼一來，他從伊拉克帶出來的錢就不夠用了，而且他還得轉行。

我媽也找了份工作，變成百貨公司停車場的收銀員兼會計。

在這段期間，我們也搞不懂我爸
哪來的想法，竟跑去加入一家
電影經紀公司，想當演員。

他帶了兩張精美的沙龍照回來，
我媽看了一頭霧水。

經紀公司要求他要自己買
高爾夫球褲和球鞋。
換句話說，他拿到的片酬
也就所剩無幾了。

總之，他一共演出了兩次，
第一次是在《隔牆有耳》裡面
當個打高爾夫球的人。

第二次，他在《生龍活虎》裡
飾演一個壞人。

不過，還好他不必自己買
黑手黨的直紋西裝和尖頭皮鞋。

住巴黎小公寓時，爸媽在客廳
拉了一道簾子，另一邊就當他們的
臥室，而我哥多明尼克和我得共用
一個房間。

但是跟多明尼克共用一個房間
可一點也不輕鬆。我十三歲，
他十九歲，當時他已經充滿批判
跟政治意識了。

我也會買流行音樂雜誌 Podium 和
Salut les copains（《嗨朋友們》），
床頭貼的是 Michel Sardou 的海報，
絕望地跟我哥貼的對看。

因為爸媽中午都不在，
我們午餐自理。
濃湯包、加熱即食的多菲內焗烤
馬鈴薯、罐裝餃子、超市甜點……
我們亂試一通。

他聽爵士、
Léo Ferré、Georges Brassens……
我呢，我買的第一張唱片是
Sheila 的，算我哥運氣好，
因為我不喜歡那張專輯。

我們兄妹經常吵架，對他來說
我就是個無腦的人，對我來說，
他就是個「自以為萬事通」。

一九七四年，龐畢度在任內去世，
在我心中，他代表的是「我現在
居住的法蘭西共和國的總統」，
於是我哭了。

我哥大大地
恥笑我一番。

有一次，他把 Ferré 的歌錄在我那捲
Demis Roussos 的錄音帶上，
我放聲大哭。

這才
不是歌！
這是大便！

什麼
鬼音樂！

後來，有一天我又反覆播放
Sardou 的唱片時，我哥怒了。

我想強暴那些女人們，
逼迫她們仰慕我

後來我改聽
Georges Moustaki。

你給我聽聽這歌詞！
仔細聽然後想想
他在唱什麼！！

要升上公立國中三年級之前，
我媽跟校長解釋我法文口語很流利，
但是我從來沒正式上過閱讀和寫作。

了解……我會跟所有
老師知會一下。

事實上，校長沒知會任何人。
於是我得一一向老師說明我的情況，
而有的老師並不相信我。

拿一張紙，寫下你們的
個人自我介紹。

在法國生活的喜悅很快落空了，
甚至成為我一整年的惡夢，
尤其是德文課時，
老師看到一個錯誤就扣一分。

范達克利，
又是零分……

話說回來，我很快注意到這裡的學生
在上課時竟然可以講話……
這讓我很驚訝，因為在伊拉克，
課堂上總是鴉雀無聲。

不過我遭遇到的最大困難，
可說是第一次寫作文的時候。
不只因為要用法文寫……

……還因為我必須針對一個主題
表達我的看法。在伊拉克，
我們從沒遇過這種要求。

我留級一年，而到高一結束時
我的法文程度仍然不夠，
其他科目也沒有進展。

學校的輔導諮商老師評估我
應該休學，去唸個行政、
文書處理之類的職校。
我一路哭回家說我不想當祕書。

一年前我就崩潰過一次了，
因為終於意識到現實，
各種嘗鮮與新發現不再是
日常調劑，也無法撫慰人心。

採買、打掃、洗碗、
管吃、管開銷等繁瑣事情
讓我筋疲力竭，
我好懷念摩蘇爾。

最後，爸媽替我註冊了
一所私立學校，從高二
唸起。那所學校有很多
軍人、企業家的子女，
充滿著種族歧視的氛圍。

誇張到有一天，法文課的老師──
對他來說種族主義很合理也很正常──
在課堂上問：

你們之中誰敢說自己
不是種族主義者？

喔你啊，
嗯哼。
不過你不在
討論範圍。

可是您怎麼可以用
種族主義者的態度對我？

哦，你的狀況本
來就另當別論啊。

高三時，我轉到另一所私立學校，
他們的師資是截至當時我遇過最好的，
學生的家庭背景也比較多元，
班上還有一個阿爾及利亞裔的同學。

伊拉克。

哦，
所以你是
穆斯林。

我也是，我
是阿拉伯人。

啊真
的嗎？

你來自
哪裡？

啊不是耶……
我是阿拉伯人
但我是基督徒。

如果你是
基督徒，那你就不
會是阿拉伯人。

才怪！
阿拉伯只是個
地理位置。

不、不，
所有阿拉伯人
都是穆斯林。

莫名
其妙！

嘖！

我再也沒跟他
說過話。

通過高中會考以後，我進入了生態系。
開學那天，我旁邊坐的是高一時班上
一位成績非常好的女生。

能跟她同樣坐在那教室裡，
我感到非常自豪，
儘管當初輔導老師並不看好我。

一九七七年，是離開四年後我第一次
回到伊拉克。整個七月我就住在
巴格達一個阿姨家。

因為不習慣夏天的高溫
（最高攝氏五十度），
好幾次我都差點昏倒在路上。

走在城裡或逛街時，我發現
很多總統和副總統的肖像。

這在四年前就有了，
但是現在他們彷彿無所不在。

最後我開口問表弟。

這也太誇張了吧！
到處都是他們的
照片。

噓……

不要在
公共場合
隨意
批評啦。

伊拉克開始讓我
感到不適應了。

為了在法國謀生，我爸最後向
伊拉克大使館求助，看他們是否
可以派個工作給他。

他們替他安插了一個在醫療室的專職，
主要工作是接收一般重症病人，
或是在庫爾德叛亂中受傷的軍人。
他負責追蹤病情、替法國醫生翻譯。

一九七八年，我和媽媽一起回
伊拉克，這次是回去摩蘇爾。

我察覺到自己的故鄉明顯在倒退，
女人不能裸露肩膀、膝蓋，
在巴格達還不至於這樣。

而且走在路上時，
儘管我穿得很樸素，
但西式的服裝還是引來
路人議論紛紛。

唪……
看看這外國
女人。

說實在，
我感覺這
已經不是
我的家了。

很多人來找我姑姑，想替我說媒，
我都禮貌地拒絕了。
我從來不想要相親結婚，
而且越來越不想回到這裡生活了。

有天晚上，我陪媽媽
去拜訪老朋友。

希望大使館那邊沒事，
妳的先生也平安才好。

你們不曉得巴黎發生巴勒斯坦人
挾持伊拉克大使館的事嗎？

打電話回家，老哥說爸爸沒事。

他很
好。

他那時候在辦
公室，跟同事一
起躲進櫃子裡。

僵持到後來，那個巴勒斯坦人向警察
投降，但是在押送路上，伊拉克的
保安部門連續開火企圖殺掉他。
造成一個警官中彈身亡，
而開槍的保安因持有外交護照，
被遣送回伊拉克。

後記：
當時有顆子彈打中了我爸
停在路邊的車。
於是有一段時間裡，只要下雨，
我就得拿個杯子去接漏進來的雨水。

高三時,我們有個
德文老師是女性主義者,
會在課堂上跟我們聊些日常生活的事。

我知道伊拉克的男女不平等
相當嚴重,但是她讓我們明白,
法國並不是一切都那麼美好,
事實上還差得遠,
不過情勢是可以扭轉的。

生孩子我作主,
什麼時候生我作主。

於是我開始參加
各種女性運動遊行。

來自伊拉克的我,
感覺像是進行一場
巨大的政治抗爭。

是,爸爸!
是,老公!
是,老闆!

我們
受夠了
!!!

我們的身體屬於我們。

M M L

話說回來,依我爸媽的性格,
他們對社會抗爭可說是敬而遠之。
他們知道我的想法,
但從來沒想跟我討論這些。

在一次遊行結束後的晚上,
電視新聞製播了專題報導。
一想到我爸可能從遊行隊伍中認出我,
我的血液瞬間凝固。

CRS 玩完了[3]!
你的老婆也上街!

3 譯註:CRS(Compagnies républicaines de sécurité)指法蘭西共和國維安部隊。

一九八〇年，
伊朗—伊拉克戰爭爆發，
我的堂哥納比爾是前線的醫生。

一場爆炸造成他所屬單位大量傷亡，
只有他活了下來。他下顎碎裂，
身上、頭上都是炮彈碎片。

由於沒有任何救援，
他一個人遊蕩了超過
一星期，清醒的時候就想辦法
找些野草、昆蟲充飢。

運送屍體的卡車以為他死了，
把他搬上車跟其他屍體放在一起。

到了醫院，負責驗證身分的人員
才發現他還有呼吸。

現在納比爾還活著，是巴格達
明愛醫院（Caritas）的醫生。
而他外表看起來比實際年齡
老了二十歲。

另一個在公家單位服務的堂哥
為了升職，在兩伊戰爭期間
自願加入部隊幾個月。

年輕的伊朗士兵
企圖攻占他們的據點，
很多人都在穿越雷區時被炸死。

其他數百名成功越過雷區的，
一一被我堂哥和其他嚴陣以待的
伊拉克士兵用重型機關槍殲滅。
同樣的戲碼日復一日上演著。

每個伊朗士兵的脖子上都掛著一條
塑料製成的金色鑰匙，根據
他們長官的說法，這把鑰匙
可以讓他們直接抵達天堂。

經歷這些慘絕人寰的殺戮之後，
伊拉克士兵多多少少都進過
精神療養院。

服役結束，堂哥被拔升為
國有酒廠的廠長，這酒廠主要
生產啤酒和亞力酒[4]。

4 譯註：亞力酒（Arak）是一種以葡萄為原料並加入茴香籽製成的蒸餾酒，為中東地區的傳統酒飲。

然而，以亞力酒工廠作為掩護，
他負責的是進口原物料，接著
運送到別的地方，用以製作芥
子氣和其他化學武器。

那幾年，甚至在戰爭結束後，
每星期有三、四次我堂哥會在深夜
接到電話，然後他就得馬上到
工業與軍備部報到。

這些電話大部分都是為了
確認他隔天的行程，或是處理
一些技術上的問題。

部長也會召集所有其他工廠的負責人，
像是製藥廠或食品廠，他們也進口
做為軍事用途的原物料。

而這個部長就是海珊‧卡梅‧
阿爾—馬吉德（Hussein Kamel al-Majid），
他是薩達姆‧海珊的表親，也是他的女婿。
後來他帶著老婆跟好幾億美金現金，
開著賓士逃到約旦去。因為他原本想成為
反對派的首領，卻不受支持。

薩達姆‧海珊允諾只要他帶他的
女兒一起回來便赦免他，他於是
又回到伊拉克。車子才剛過邊境，
離婚判決立即生效，而阿爾—馬吉德
則很快遭到處決。

一九八〇年，除了生態系的課以外
我還報名了舞蹈課。我和舞蹈老師
一見如故，而她的先生是個漫畫家。

因為她先生的緣故，我對漫畫這一行
才有了初步的認識。他發現我對著色
很有興趣，便把顏料畫筆都借給我，
讓我在空閒時可以玩玩。

我經常把自己畫的東西拿給他看，
結果到後來，他乾脆問我
要不要接出版社的著色案。

半年後，我開始因此忙得不可開交，
也有了一些收入。我瞞著爸媽，
把系上的課拋到腦後，直到第一本書
出版後，我才去找老爸。
我指著書上我的名字，告訴他我
賺了多少錢。

我很喜歡
這個工作，
我打算休學
不唸了。

喔
……

嗯
……

好吧。

三年後，我買了一間小套房。
身為伊拉克人，
我爸無法想像我如何一個人生活，
為了不讓他擔心，我跟他說那只是
方便我白天工作而已。

過了一個月，我再解釋說
這樣來回奔波有點麻煩，
於是我終於順利離家獨立自主了……

一九八九年十月，兩伊戰爭結束的
一個月後，我回到巴格達，
距離上次回來已經是十一年前了。

這次的打擊顯然比上次
回來時更殘酷。

當然，我們都變老了，但是家族親戚
看起來更是疲憊不堪、垮了似的……

跟他們的房子有點像，有裂縫
也不補了，磁磚壞了也不換，
因為材料短缺。

表親姊妹幾乎
全部都辭掉工作。
她們都結婚生子了。

而當我們一起喝餐前酒時，
她們現在會先服務老公。

堂哥表弟他們下班之後
回到家，會換上長袍。

每個人家裡，都有一個超大的冷凍庫，
趁船隻入港、商家進貨時趕快儲備食物，
好度過之後的空窗期。

你去坐著，
去坐著……

在城裡，露肩女裝銷聲匿跡，
而裙子規定要過膝。

親戚們眼光離不開我的衣服，
不停這裡那裡摸一下，讚嘆不已，
好像我整個人就是一間拉法葉百貨。

要不是我比她們瘦太多，
我很樂意把全部的衣服
都送給她們。

現在，每個人家裡都掛著一張
薩達姆·海珊的肖像。

我搞不懂你們
幹嘛掛他的肖像。

我們
沒得選。

每一家
都得掛。

不過你別在孩子
面前說這些。

在學校，每天都有專員到每個
班級去，然後要孩子們說說自己的爸
媽對薩達姆·海珊的看法是什麼。

學校會教唱歌頌薩達姆輝煌
功績的歌曲⋯⋯電視上
也會反覆播放這些歌。

你是我們的太陽 ♫♫
你是我們的月亮
我們的傷痛被治癒
連死亡也敬畏著你

我也見到了我的堂哥納比爾，
就是戰爭時受傷而且被當成死人的
那個醫生。

還有他的弟弟艾米爾，他們跟我其他
那些年紀較大的堂親不一樣，
小時候我們感情很好。
我常跟他們兩個一起玩，
納比爾是個大好人，
總是任由我們擺布。

此刻在餐廳裡，他就坐在我對面，
臉的下半部重新整形，頭髮提前掉光許多，
他身子前彎、幾乎是駝的，
而且看起來很疲憊。

我怎樣都無法
直視他。

他們跟我說，打仗的時候要是兒子
在前線戰死了，家人會收到一筆
可觀的撫恤金和一輛車子。

但有時候兒子在「死後」好幾個月
會出現在家門前。

有些父母為了留住那筆錢跟車，
會把孩子趕走。

我堂妹琵緹薩原本是美術老師，
她用撿來的空砲彈做成了燈飾
放在客廳，驕傲地向我展示。

堂弟艾米爾開了一家甜點店，
他的蛋糕很美式，上面有很多奶油。
為了讓大家換換口味，
我提議做個翻轉蘋果派。

另一個堂弟出門買了蘋果。
派做好了以後，
他們把它切成好幾等分。

我明白他們想要切得盡量公平，
而且他們把整個派吃得精光，
一點屑屑都不浪費。

嘿，沒關係啦，
我再做一個就好啦。

不不，布莉吉特
你不曉得……
蘋果貴成這樣，
絕對不能再做第二個。

對啊。

水果在伊拉克
很難買到……我的小孩
連香蕉都沒吃過。

我從大家口中才知道蘋果
真的很罕見，而且是天價。
還好我沒搞砸我的派。

儘管還是很窮、充滿壓力、
困難重重，但親戚們覺得
戰爭結束後生活有點改善了。

有個唸建築的表姐說，
工地又動工了，另外，
她認識一個文化部的官員，
他們正在徵求畫童書插畫的人。

表姐知道我會畫畫，
便帶我到文化部……
對方熱情地招待了我們。

這個官員很高興聽到有個
伊拉克人旅居法國工作，
接著問我是否願意為
童書插畫貢獻一份心力。

他的提議把我捧得飄飄然，
而我也的確很想好好畫，
在伊拉克出本書。
所以我把文字稿帶走了。

不過後來仔細一想，
我意識到替文化部工作就等於
替薩達姆·海珊工作；
這讓我完全無法接受，
合作案也就無疾而終。

為了和家族親戚相處久一點，
我在伊拉克又多待了兩星期。

只是雖然很開心能和大家重聚，
我卻時常胃部一陣痙攣、想吐。

從他們的生活方式中，
我明白這個國家究竟倒退了多少，
而身在法國的我又是多麼幸運。

我為他們感到難過……
我想把他們全部帶走，
但我知道這是不可能的。

不過，現在兩伊戰爭結束了，
我可以更常回來。離開的前一天
晚上，我的心揪成一團，
但我還是跟大家道別，
說我們很快會再見的。

不到一年，薩達姆·海珊
侵略科威特，引爆波斯灣戰爭，
我再也不曾回過伊拉克。

美好回憶

每次擦鞋匠來到我們這一區時，
就是我出馬的時候。

我會把全家人的
鞋子都排好。

錢也準備好。

然後在現場觀賞
整個擦鞋的過程。

他的鞋箱和排列整齊的工具
讓我深深著迷。

鞋蠟的氣味
好好聞。

我想要當一個
擦鞋匠。

我爸從一九七五年開始為伊拉克
大使館工作，並從大使館那邊
領取他微薄的軍人退休俸。

一九八〇年起，伊拉克政府決定停止
將退休金匯到國外。還有更慘的！
政府竟然向住在國外的人追討
已經領取的退休金。

不過這有個解決辦法，
就是回去伊拉克，
重新提出申請。
但是我爸不打算回去。

因為他仍然是退役軍人，
生怕一回去就出不來，
還得將退休金繳回國庫。

接著從一九八五年起，
如果想繼續在大使館工作，
就得加入復興黨。
我爸不願意入黨，
於是辭職。

他就這樣留在家裡，失魂落魄地一點一滴
喪失生活意志。他很後悔當初離開伊拉克，
而現在又回不去。

我和老哥對他描述伊拉克的現況，
種種貧困、壓力……
讓他知道其實是他帶給了我們
這樣美好的生活。這話會讓他
好過一陣子，然後同樣的事
幾個月後又會上演一次。

我什麼都
搞砸了。

要是留在伊拉克，
我們一定會
過得很好。

一九九五年，有個他熟悉的
團體計畫要去巴格達，
我們就鼓勵他陪他們一起去。

那是一趟充滿變數的旅程。
必須先抵達約旦，再搭巴士
穿越沙漠，冒著半路被搶的風險。

到了巴格達之後，老爸並不打算
順便處理他的退休問題，
他還是很怕國家跟他追討他在
二十多年前領到的那點退休金。

再度與家人相聚之後，
他才理解他們的處境，
後來我爸沒再回去過，
也不再提起後悔來法國的事了。

二○○七年薩達姆・海珊垮臺後，
我其中一個住在巴格達的表哥
替我爸向新政府重新提出申請，
讓他能繼續領退休金。

接著，到了二○一三年，
儘管有市府認證的文件，
伊拉克政府仍然不相信我爸還活著，
因而不再發放他的退休金。

美好回憶

冬天，家裡每個房間
都有煤油暖爐。

而臥室有媽媽替我們
準備的熱水袋。

老爸通常很晚
才回到家。

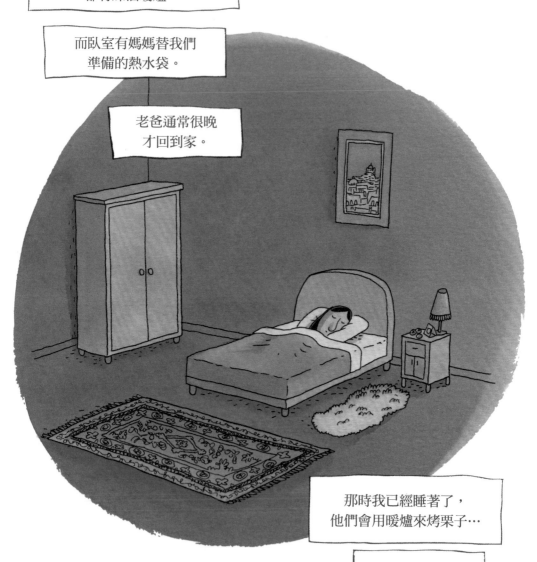

那時我已經睡著了，
他們會用暖爐來烤栗子…

然後放在我床邊的
桌子上，這樣我一
醒來就有得吃。

二〇〇六年，我和我哥到約旦首都
安曼參加一個姪女的婚禮，她老公
是伊拉克人，住在紐西蘭。

他們無法在巴格達舉行婚禮，
因為那邊太危險，很多教堂
都成為攻擊的目標。

我已經超過十七年沒見到這些親戚了，
我哥則是三十六年。

我們全部都哭了。

好久啊～

在這場充滿喜悅的婚禮當中，
混雜著淡淡的憂傷，因為接著
姪女就要前往紐西蘭，堂哥堂嫂
再也見不到他們的寶貝女兒了。

這一回，大家看來已經撐不下去了。
日子艱困、不時停電，每天看著孩子
更讓他們焦慮到快瘋掉，
他們不知道能給孩子什麼未來。

密集的恐怖攻擊與頻繁的綁架案
逐漸少了，取而代之的是詐騙集團。
這些惡人會放話要綁架某人，
然後隔天就來要錢。

警察內部亂成一團，
而美國只顧自己的利益，
別的不管。

有一天，我堂弟薩巴收到通知，
說他兩個孩子的學校
發生一起攻擊事件。

我馬上趕到學校去，
謝天謝地，他們都沒事。

但是在校園遊樂設施那邊
很恐怖⋯⋯到處是血⋯⋯
很多死掉的孩子⋯⋯

突然，我看到
一個小孩，
他衣服很多地方
都破了。

他正
在哭。

就在我面前，
他脫下一隻
襪子來
擦眼淚。

堂弟在描述這件事的時候，
雖然帶著悲劇感，但樣子是那麼誇張，
害我們忍不住笑出來。

在場另一個堂哥則成了酒鬼。
他原本是驗光師，有一天，
他快到店裡時，整間店在他面前被炸毀。

有個堂姊向我坦承，
要不是住在伊拉克，
她和她老公早就離婚了。

她沒有講太多細節。不過這是
我第一次從親戚口中聽到離婚
這樣的字眼。

幾年後，他們移民了，
不過她也沒有離婚就是了。

有一天下午大家在聊天時，
其中三個人的老公說要先走。

好啦，我們要去
找女人了。

我不太確定自己到底
有沒有聽錯，就問我哥。

剛才他們說找女人
是什麼意思？

就是
你想的那
個意思。

是的……他們明目張膽去找妓女，
就在自己老婆面前。

即使其中一個堂姊的臉色不太好看，
現場每個老婆對這樣的事情
早已見怪不怪。

對她們來說，男人到外面去
「鬆一下」是很正常的。

原則上，只要男人晚上
有回家睡覺就行。

婚禮結束後，
在回巴格達的路上，
他們僥倖逃過沙漠搶劫。

他們前面的計程車
遇到假的路邊臨檢，
被搶了。

還好這些結伴而行的車子
都有彼此的電話，所以
計程車馬上通知後面的車，
他們於是直接開過去，
沒有停下來。

現在是二〇一六年。
我的堂、表兄弟姊妹始終期待
局勢可以好轉，直到他們的父母過世。
然後，為了給孩子一個正常的未來，
大家幾乎都移民了，奔向世界各地。

澳洲、紐西蘭、加拿大、
美國、瑞典、法國……

很多人緊緊抓著他們唯一能
保有的東西：他們的基督教信仰。
同時無可避免地陷入伊斯蘭恐懼症。

我不會批評他們。

也不會與他們爭辯。

不管他們變成什麼樣子，我還是
愛著他們，珍惜著我們之間的
寶貴回憶。

美好回憶

在摩蘇爾，每年總會出現
幾次沙塵暴。

整個城市會
染上橙黃色。

我總是盯著天空，
一看就是幾小時。

學校停課，
所有交通停擺。

我好愛這樣的時刻，
全家人一起待在屋子裡。

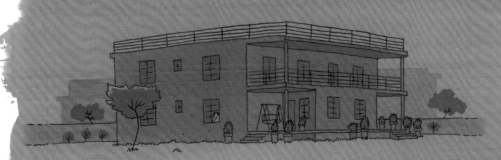

Brigitte Findakly & Lewis Trondheim

- **西元前 4500-2006**：美索不達米亞蘇美文明。文字誕生，發明車輪與啤酒釀造工藝。
- **西元前 1894-1255**：巴比倫王國。歷史上第一部法典。
- **西元前 1255-624**：亞述帝國。
- **西元前 334**：亞歷山大攻克巴比倫。
- **西元前 200**：猶太法典《巴比倫塔木德》。
- **226-651**：薩珊王朝，對於聶斯托里派（即後來的迦勒底天主教）、雅各派（敘利亞正教會的前身）以及猶太教均採包容態度。
- **635**：阿拉伯穆斯林勢力開始擴張。
- **750-1258**：阿拔斯王朝。西元七六二年定都巴格達，伊拉克成為哈里發執政中心。
- **1258-1534**：蒙古帝國的擴張。
- **1534-1917**：美索不達米亞鄂圖曼帝國。
- **1916**：「賽克斯－皮科」祕密協議，英國與法國共同瓜分中東地區。
- **1920-1932**：英屬美索不達米亞託管地。
- **1924**：二月二十五日國民議會選舉，六月十四日制定第一部憲法。
- **1927**：首次於基爾庫克地區發現石油。
- **1932-1958**：哈希姆王國。
- **1936**：軍事政變，是為阿拉伯世界首例，但沒有持續太久。
- **1940**：民族主義者拉希德‧阿里‧蓋拉尼發動軍事政變並成立國防政府，這是第一個受到軸心國勢力支持的政權。猶太人大屠殺。
- **1941**：四月時，英國介入，推翻親納粹政權。
- **1958**：政變推翻君主政體，建立共和政權。
- **1959-1968**：納賽爾主義者（泛阿拉伯意識形態者）、共產黨人與復興黨人（社會－世俗民族主義者）發動多起政變。
- **1968**：貝克爾將軍在薩達姆‧海珊協助下政變成功，復興黨取得政權。
- **1972**：伊拉克石油收歸國有。

- **1978**：伊斯蘭什葉教派領袖霍梅尼遭到伊拉克驅逐至法國。
- **1979**：薩達姆・海珊一手獨攬政權。
- **1980**：伊拉克對伊朗發動攻擊（當時伊朗已在霍梅尼領導下成為伊斯蘭共和國）。戰爭導致雙方各約一百萬人死亡。兩國在一九八八年停戰，並回復原本邊界。
- **1990**：伊拉克侵略科威特。聯合國對伊拉克發動制裁，這也是薩達姆・海珊自願接受國際禁運的開始，此舉至少造成五十萬伊拉克人民死亡，其中主要都是兒童。
- **1991**：國際聯軍在一月對伊拉克發動攻擊。薩達姆・海珊於二月接受協議停火，並從科威特撤軍。
- **1995**：聯合國提出解決之道——「石油換糧食」計畫。
- **2003**：美國和英國在三月出兵伊拉克。四月十五日戰爭結束。
- **2006**：薩達姆・海珊被判處死刑，其絞刑隨後執行。
- **2011**：美軍從伊拉克撤軍。
- **2014**：DAESH（該組織自稱為 IS，即伊斯蘭國）占領摩蘇爾以及伊拉克西北部分地區。

PaperFilm 視覺文學 FC2021

伊拉克的罌粟花
Coquelicots d'Irak

腳本／布莉吉特・范達克利（Brigitte Findakly）、路易斯・通代（Lewis Trondheim）
繪圖／路易斯・通代・著色／布莉吉特・范達克利
譯者／陳文瑤
選書策劃／鄭衍偉（Paper Film Festival 紙映企劃）
編輯／謝至平、許涵・編輯總監／劉麗真
行銷企劃／陳彩玉、朱紹瑄
總經理／陳逸瑛
發行人／涂玉雲
出版／臉譜出版
城邦文化事業股份有限公司
臺北市民生東路二段 141 號 5 樓
電話：886-2-25007696・傳真：886-2-25001952

發行／英屬蓋曼群島商家庭傳媒股份有限公司城邦分公司
臺北市中山區民生東路二段 141 號 11 樓
客服專線：02-25007718；25007719
24 小時傳真專線：02-25001990；25001991
服務時間：週一至週五上午 09:30-12:00；下午 13:30-17:00
劃撥帳號：19863813 戶名：書虫股份有限公司
讀者服務信箱：service@readingclub.com.tw
城邦網址：http://www.cite.com.tw

香港發行所／城邦（香港）出版集團有限公司
香港灣仔駱克道 193 號東超商業中心 1 樓
電話：852-25086231 或 25086217・傳真：852-25789337
電子信箱：citehk@biznetvigator.com

馬新發行所／城邦（新、馬）出版集團
Cite（M）Sdn. Bhd.（458372U）
41, Jalan Radin Anum, Bandar Baru Sri Petaling,
57000 Kuala Lumpur, Malaysia.
電話：603-90578822・傳真：603-90576622
電子信箱：cite@cite.com.my

排版／漾格科技股份有限公司

一版一刷／2017 年 11 月
ISBN ／ 978-986-235-628-9
售價／300 元